作る時間も、食べる時間も愛おしい。

Mr. CHEESECAKE

人生最高のスイーツ

Mr. CHEESECAKE │ 田村浩二

家で作るべきスイーツは何なのか？
この本を作るにあたり、改めてそのことを考えました。

お菓子屋さんでもコンビニでも、スイーツは買えます。
わざわざ時間をかけて家で作るなら、
その体験自体が価値のあるものになってほしい。
作りたてでしか味わえないおいしさや、
お店ではなかなか売ることができないやわらかさ、
手間をかけて仕上げるという喜びなど、
「自分で作るからこその贅沢」を体験できるレシピを作りたいと思いました。

僕にとってのチーズケーキは、自分の中の幸せの記憶です。
子どもの頃に母が作ってくれたチーズケーキが大好きで、
その時の記憶が、今の仕事にも繋がっています。

ティラミスは、南フランスで働いている時に
家の近くのイタリアンレストランで必ず食べていたスイーツで、
あの時のティラミスを超える味には出合っていません。
そんなおいしさの記憶を超えられるように、
今回、自分なりにレシピを作りました。

スイーツは、おいしいだけではなく、
幸せの記憶に繋がっている大切なもの。
だからこそ、食べた人の記憶に残るような味わいを常に目指しています。
作って食べるだけではなく、季節を待つ時も、季節を過ごす時も、
スイーツを作る時も、そして、大切な人と過ごすその時を。
その瞬間を少しでも色鮮やかに彩れたなら、
僕がこの本を作った意味がある気がします。

おいしさは一瞬で消えてしまうけれど、
おいしさと過ごした時間や体験は記憶とともに残ります。
大切な人との何気ないひとときも、特別な記念日も、
この本が素敵な時間を過ごすきっかけになりますように。
あなたにとっての豊かな時間の始まりのような、
そんな本になれたらなと思いを込めています。

Mr. CHEESECAKE ｜ 田村 浩二

contents

はじめに ……… 04

1 章

四季のチーズケーキ

基本のチーズケーキ ……… 10
春｜ 桜といちごのチーズケーキ ……… 14
　　 抹茶のチーズケーキ ……… 15
夏｜ マンゴーのチーズケーキ ……… 16
　　 オリーブオイルとレモンのチーズケーキ ……… 18
秋｜ 金木犀とあんずのチーズケーキ ……… 20
　　 かぼちゃのチーズケーキ ……… 21
冬｜ ヘーゼルナッツのチーズケーキ ……… 22
　　 チョコレートのチーズケーキ ……… 23
ボトム生地〔プレーン・抹茶・塩〕……… 32

2 章

人生最高のスイーツ

イタリアンプリン ……… 40
クッキーシュー ……… 44
フルーツサンド ……… 49
ガトーショコラ ……… 52
ティラミス ……… 56
ウィークエンドシトロン ……… 60
フレンチトースト ……… 64

3 章

フルーツと香り

ハイビスカスジュレ入りいちごミルク ……… 70
キウイのコンポート ……… 72
オレンジのフレッシュマーマレード ……… 74
桃のコンポート ……… 76
桃モッツァレラ ……… 78
グレープフルーツのジュレ ……… 80
柿とゆずのはちみつマリネ ……… 81
いちじくのキャラメリゼ バニラアイス添え ……… 82
いちじくとブルーチーズのサラダ ……… 84

column 01 —

[チーズケーキにひと手間]

いちごと桜のジャム / オリーブオイル塩レモン ……… 34
紅茶のクリーム / 焦がしバタービスケット ……… 35

column 02 —

[ペアリングを楽しむドリンク]

フレッシュハーブティー ……… 86
ハーブ煎茶 / ハニーホットミルク ……… 87
チャイ ……… 88
クラフトコーラ ……… 89
レモングラスとレモンとバニラ ……… 90
ジャスミン茶とオレンジとシナモン / ハイビスカスティーとスパイス ……… 91

材料について ……… 94

＊大さじ1 = 15㎖、小さじ1 = 5㎖です。
＊オーブンは予熱して使用してください。機種によって火の入り方が異なるので、
　様子を見て温度や時間を調節してください。

Mr. CHEESECAKE 1 章

四季のチーズケーキ

Mr.CHEESECAKEを家庭で作れるようにしました。僕のレシピはレストランデザートが原点。だからこそ、食後に食べても重すぎず、すっと消えていくような軽い口溶けを目指しています。この章では、基本のレシピに加え、春夏秋冬に合わせた8つのオリジナルフレーバーをご紹介。しっとりと焼き上げたチーズケーキは、レアともベイクドとも違った、なめらかな食感です。四季折々のチーズケーキを、どうぞごゆっくりお楽しみください。

Mr. CHEESECAKE

基本のチーズケーキ

Mr. CHEESECAKE の顔とも言える、定番チーズケーキ。
バニラビーンズとトンカ豆を一緒に煮出すことで、
うっとりするような香りまで楽しめます。
基本を覚えれば、ほかのチーズケーキにも応用できますよ。

毎日、チーズケーキを焼いていても、
まったく同じチーズケーキにはならない。
それも、お菓子のおもしろいところ。

基本のチーズケーキ
recipe〉p.12

基本のチーズケーキ

材料 （ 21 × 8 × 高さ6cmのパウンド型 1台分 ）

〔 生地① 〕
クリームチーズ … 200g
グラニュー糖 … 100g
バニラビーンズ*1 … ¼～½本
生クリーム（できれば乳脂肪分が40％以上のもの）
　… 100mℓ
トンカ豆*1 … ½個
ホワイトチョコレート（製菓用）… 50g

作り方

1　2　3

4　5　6

〔 生地① 〕を作る

トンカ豆
Mr.CHEESECAKE には欠かせ
ない材料。杏仁のような甘い香
りが特徴で、ネットショップなど
で購入できます。p.95参照。

1　ボウルにクリームチーズを入れて湯せん*にかけ、
　ゴムべらでやわらかくなるまで練る。グラニュー糖を加え、泡立て器で混ぜる。
　＊フライパンなどに湯をはり、キッチンペーパーを敷いてボウルの底をつけて温める。
　　キッチンペーパーを敷くことで、温度が上がりすぎない。

2　湯せんにかけたまま、なめらかになるまで混ぜる。

3　バニラビーンズは包丁で縦に切り目を入れて開き、種をこそげ取る。

4　小鍋に生クリームを入れ、3の種とさやを加える。
　トンカ豆は、おろし器で細かく削って加える。

5　中火にかけ、ふきこぼれないように注意しながら沸騰させ、火を止める。
　ホワイトチョコを加えてゴムべらで混ぜ、よく溶かす。

6　2のボウルに5を加え、なめらかになるまで泡立て器で混ぜる。

〔生地②〕

A｜ サワークリーム … 180g
　｜ ギリシャヨーグルト*² … 50g
卵 … 2個
レモン果汁 … 小さじ2弱（9g）
コーンスターチ … 20g

*1 バニラビーンズとトンカ豆は、なくても作れるが、
　　入ることで風味が格段によくなる。
*2 同量の水きりヨーグルトでもOK。

下準備

● クリームチーズ、卵は常温に戻す。
　卵は溶いておく。
● 型にオーブンシートを敷き、
　オーブンは180℃に予熱する。

型について

本書では、3種のパウンド型（左から
21、18、13cm）が登場します。サイ
ズと容量が同じなら、どんなものでも
OK。エッジの丸みなどによって、仕
上がりの表情にも違いが出ます。

7 　　　　　　　　　　　8 　　　　　　　　　　　9

10 　　　　　　　　　　11 　　　　　　　　　　12

〔生地②〕を作る	7	別のボウルにAを入れ、泡立て器でよく混ぜる。溶き卵を3回に分けて加え、その都度混ぜる。
	8	なめらかになったら、レモン果汁、コーンスターチを加えてよく混ぜる。
生地を合わせる	9	〔生地①〕のボウルに〔生地②〕を加えて混ぜる。
	10	こし器にかけ、さらになめらかな生地にする。
焼く	11	天板に耐熱バットを置いてキッチンペーパーを敷き、型をのせる。10を流し入れ、バットに深さ2～3cmまで熱湯を注ぐ*。180℃のオーブンで25分、150℃に下げて20分、湯せん焼きにする。 *きつね色になるまで湯せん焼きすることで半熟のような食感に。深さのある天板の場合は、バットを使わずに湯せん焼きしても。熱湯は、オーブンに天板をセットしてから注いでもOK。
	12	型を取り出し、粗熱がとれたら型から外す。オーブンシートをつけたまま、冷蔵庫で4時間以上冷やす。

桜といちごのチーズケーキ
recipe〉p.24

抹茶のチーズケーキ
recipe〉p.25

マンゴーのチーズケーキ
recipe ⟩ p.26

オリーブオイルと
レモンのチーズケーキ
recipe〉p.27

金木犀とあんずの
チーズケーキ
recipe > p.28

かぼちゃのチーズケーキ
recipe⟩ **p.29**

ヘーゼルナッツのチーズケーキ
recipe〉p.30

チョコレートのチーズケーキ
recipe ⟩ p.31

春　　　　　　　　　　　　　　　　　　　　　　　　　　　　　spring

桜といちごの
チーズケーキ

塩漬けの桜を使った、ほんのり塩気のあるチーズケーキ。
桜もちのような風味といちごの酸味を感じる、春爛漫な味わいです。

材料 （21×8×高さ6cmのパウンド型 1台分）

〔 生地① 〕
クリームチーズ … 200g
グラニュー糖 … 100g
生クリーム（できれば乳脂肪分が
　40％以上のもの）… 100㎖
桜の塩漬け（市販品）… 10g
トンカ豆*¹ … ½個
ホワイトチョコレート（製菓用）… 50g

〔 生地② 〕
A｜ サワークリーム … 90g
　｜ いちごピューレ*² … 100g
卵 … 2個
レモン果汁 … 小さじ2弱（9g）
コーンスターチ … 20g

*1 トンカ豆はなくても作れるが、
　　入ることで風味が格段によくなる。
*2 いちごのヘタを除き、ミキサーなどで
　　ピューレ状にしておく。

下準備

● クリームチーズ、卵は常温に戻す。
　卵は溶いておく。
● 桜の塩漬けは塩を軽く洗い流し、
　水に浸けて塩抜きする。
　30分おいたら水気をよく絞り、細かく刻む。
● 型にオーブンシートを敷き、
　オーブンは180℃に予熱する。

作り方

1 〔 生地① 〕を作る。ボウルにクリームチーズを入れて湯
　せんにかけ、ゴムべらでやわらかくなるまで練る。グラ
　ニュー糖を加え、泡立て器でなめらかになるまで混ぜる。

2 小鍋に生クリームと桜の塩漬けを入れ、トンカ豆をおろ
　し器で細かく削って加える。中火にかけて沸騰させ、火
　を止める。ホワイトチョコを加えてゴムべらで混ぜ、よ
　く溶かす。

3 1のボウルに2を加え、なめらかになるまで混ぜる。

4 〔 生地② 〕を作る。別のボウルにAを入れ、泡立て器で
　よく混ぜる。溶き卵を3回に分けて加え、その都度混ぜ
　る。なめらかになったら、レモン果汁、コーンスターチ
　を加えてよく混ぜる。

5 〔 生地① 〕のボウルに〔 生地② 〕を加えて混ぜ、こし器
　にかける。

6 天板に耐熱バットを置いてキッチンペーパーを敷き、型
　をのせる。5を流し入れ、バットに深さ2～3㎝まで熱
　湯を注ぐ。180℃のオーブンで25分、150℃に下げて20
　分、湯せん焼きにする。

7 型を取り出し、粗熱がとれたら型から外す。オーブンシー
　トをつけたまま、冷蔵庫で4時間以上冷やす。好みで「い
　ちごと桜のジャム」(p.34)をかけてもおいしい。

桜の塩漬け

桜の花を塩と梅酢に漬け
込んだもの。「いちごと桜
のジャム」(p.34)でも使っ
ています。

pick up

抹茶の
チーズケーキ

抹茶のうま味と香りを引き立てる、抜群の配合を目指しました。
香ばしく焼き上げたボトムのほろ苦さもあいまって、しっかり濃厚。

材料 （21×8×高さ6㎝のパウンド型1台分）

〔 生地① 〕
クリームチーズ … 200g
グラニュー糖 … 100g
生クリーム（できれば乳脂肪分が
　40％以上のもの）… 100㎖
ホワイトチョコレート（製菓用）… 50g

〔 生地② 〕
マスカルポーネ … 180g
抹茶 … 20g
卵 … 2個
コーンスターチ … 20g

ボトム（抹茶味、p.32）… 半量

下準備

● クリームチーズ、卵は常温に戻す。
　卵は溶いておく。
● 型にオーブンシートを敷き、
　ボトムを敷き詰める（写真ⓐ）。
● オーブンは180℃に予熱する。

作り方

1　〔 生地① 〕を作る。ボウルにクリームチーズを入れて湯せんにかけ、ゴムべらでやわらかくなるまで練る。グラニュー糖を加え、泡立て器でなめらかになるまで混ぜる。

2　小鍋に生クリームを入れて中火にかけ、沸騰したら火を止める。ホワイトチョコを加えてゴムべらで混ぜ、よく溶かす。

3　1のボウルに2を加え、なめらかになるまで混ぜる。

4　〔 生地② 〕を作る。別のボウルにマスカルポーネを入れ、ゴムべらでなめらかになるまで練る。抹茶を加え、やさしく混ぜてペースト状にする（写真ⓑ）。

5　溶き卵を3回に分けて加え、泡立て器でその都度混ぜる。なめらかになったら、コーンスターチを加えてよく混ぜる。

6　〔 生地① 〕のボウルに〔 生地② 〕を加えて混ぜ、こし器にかける。

7　天板に耐熱バットを置いてキッチンペーパーを敷き、型をのせる。6を流し入れ、バットに深さ2～3㎝まで熱湯を注ぐ。180℃のオーブンで25分、150℃に下げて20分、湯せん焼きにする。

8　型を取り出し、粗熱がとれたら型から外す。オーブンシートをつけたまま、冷蔵庫で4時間以上冷やす。

pick up

抹茶

緑茶を粉末にしたもの。
好みのものでOKですが、
原材料が緑茶のみの商品
を選んでください。

a

ボトムはスプーンなどで押しつけながら、隅々まで敷く。

b

抹茶は勢いよく混ぜると、散らばってしまう。ゆっくりやさしく練ると、きれいに混ざる。

夏

マンゴーの
チーズケーキ

生地にマンゴーパウダーを練り込み、ボトムにはドライマンゴーを。
どこから食べてもマンゴーを感じる、夏らしいフレーバー。

材料 （ 21 × 8 × 高さ6cmのパウンド型 1 台分 ）

〔 生地① 〕
クリームチーズ … 200g
グラニュー糖 … 100g
生クリーム（できれば乳脂肪分が
　　40％以上のもの）… 100mℓ
ホワイトチョコレート（製菓用）… 50g

〔 生地② 〕
A ┌ プレーンヨーグルト … 180g
　└ ドライマンゴー … 30〜40g
卵 … 2個
マンゴーパウダー … 30g
ライム果汁 … 小さじ2弱（9g）

ライムの皮 … ½個分

下準備

● Aを合わせ、冷蔵庫でひと晩おく（写真ⓐ）。
● クリームチーズ、卵は常温に戻す。
　卵は溶いておく。
● 型にオーブンシートを敷き、
　オーブンは180℃に予熱する。

作り方

1 〔 生地① 〕を作る。ボウルにクリームチーズを入れて湯
　せんにかけ、ゴムべらでやわらかくなるまで練る。グラ
　ニュー糖を加え、泡立て器でなめらかになるまで混ぜる。

2 小鍋に生クリームを入れて中火にかけ、沸騰したら火を
　止める。ホワイトチョコを加えてゴムべらで混ぜ、よく
　溶かす。

3 1のボウルに2を加え、なめらかになるまで混ぜる。

4 ヨーグルトからマンゴーだけを取り出し、型の底に並べ
　る（写真ⓑ）。

5 〔 生地② 〕を作る。別のボウルに4の残りのヨーグルト
　を入れ、溶き卵を3回に分けて加え、泡立て器でその都
　度混ぜる。なめらかになったら、マンゴーパウダー、ラ
　イム果汁を加えてよく混ぜる。

6 〔 生地① 〕のボウルに〔 生地② 〕を加えて混ぜ、こし器
　にかける。ライムの皮を削って加え、軽く混ぜる。

7 天板に耐熱バットを置いてキッチンペーパーを敷き、型
　をのせる。6を流し入れ、バットに深さ2〜3cmまで熱
　湯を注ぐ。180℃のオーブンで25分、150℃に下げて20
　分、湯せん焼きにする。

8 型を取り出し、粗熱がとれたら型から外す。オーブンシー
　トをつけたまま、冷蔵庫で4時間以上冷やす。

pick up

マンゴーパウダー、
ドライマンゴー

マンゴーパウダーはネット
ショップなどで購入できま
す。本書では「KUKKU ア
ルフォンソマンゴーパウダ
ー」（30g入り）を使用。ド
ライマンゴーはコンビニや
スーパーでも扱っています。

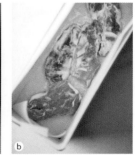

ⓐ ドライマンゴーがヨーグルトの
水分を吸ってやわらかくなる。
ヨーグルトは水分が抜け、フレ
ッシュチーズのような味わいに。

ⓑ マンゴーは、底全体に並べる。
隙間ができてもOK。余りが出
た場合は、そのまま食べてもお
いしい。

オリーブオイルと
レモンのチーズケーキ

オリーブオイルの青々しい香りと爽やかなレモンの酸味、
ほのかな皮の苦味がアクセントになった、繊細な味わいです。

材料 （21×8×高さ6cmのパウンド型 1台分）

〔生地①〕
クリームチーズ … 200g
グラニュー糖 … 100g
生クリーム（できれば乳脂肪分が
　40％以上のもの）… 50㎖
オリーブオイル* … 50g
ホワイトチョコレート（製菓用）… 50g

〔生地②〕
サワークリーム … 180g
卵 … 2個
レモン果汁 … 小さじ2弱（9g）
コーンスターチ … 20g

レモンの皮 … ½個分
ボトム（塩味、p.32）… 半量

*エキストラバージンがおすすめ。

下準備

● クリームチーズ、卵は常温に戻す。
　卵は溶いておく。
● 型にオーブンシートを敷き、
　ボトムを敷き詰める。
● オーブンは180℃に予熱する。

作り方

1　〔生地①〕を作る。ボウルにクリームチーズを入れて湯
　せんにかけ、ゴムべらでやわらかくなるまで練る。グラ
　ニュー糖を加え、泡立て器でなめらかになるまで混ぜる。

2　小鍋に生クリームとオリーブオイルを入れて中火にかけ、
　沸騰したら火を止める。ホワイトチョコを加えてゴムべ
　らで混ぜ、よく溶かす。

3　1のボウルに2を加え、なめらかになるまで混ぜる。

4　〔生地②〕を作る。別のボウルにサワークリームを入れ、
　泡立て器でよく混ぜる。溶き卵を3回に分けて加え、そ
　の都度混ぜる。なめらかになったら、レモン果汁、コー
　ンスターチを加えてよく混ぜる。

5　〔生地①〕のボウルに〔生地②〕を加えて混ぜ、こし器
　にかける。レモンの皮を削って加え、軽く混ぜる。

6　天板に耐熱バットを置いてキッチンペーパーを敷き、型
　をのせる。5を流し入れ、バットに深さ2〜3cmまで熱
　湯を注ぐ。180℃のオーブンで25分、150℃に下げて20
　分、湯せん焼きにする。

7　型を取り出し、粗熱がとれたら型から外す。オーブンシー
　トをつけたまま、冷蔵庫で4時間以上冷やす。好みで「オ
　リーブオイル塩レモン」（p.34）をかけてもおいしい。

オリーブオイル

できればエキストラバージ
ンがおすすめ。オリーブオ
イルの中で最も品質が高く、
フレッシュな香りと味わい
を感じられます。

pick up

きんもくせい
金木犀とあんずの
チーズケーキ

秋の訪れを感じる金木犀の花を、あんずとともにチーズケーキに。
甘く上品な花の香りが、さりげなく全体を包み込みます。

材料 （21×8×高さ6cmのパウンド型 1台分）

〔生地①〕
クリームチーズ … 200g
グラニュー糖 … 100g
生クリーム（できれば乳脂肪分が
　　40％以上のもの）… 150mℓ
桂花茶（茶葉）… 15g
トンカ豆* … ½個
ホワイトチョコレート（製菓用）… 50g

〔生地②〕
サワークリーム … 180g
卵 … 2個
レモン果汁 … 小さじ2弱（9g）
コーンスターチ … 20g

A ┃ ドライアプリコット … 7～8個
　 ┃ オレンジジュース（果汁100％）… 50mℓ

*トンカ豆はなくても作れるが、
　入ることで風味が格段によくなる。

下準備

● Aを合わせ、やわらかくなるまで戻す。
　電子レンジ（600W）で1分30秒を目安
　に加熱してもOK。
● クリームチーズ、卵は常温に戻す。
　卵は溶いておく。
● 型にオーブンシートを敷き、
　オーブンは180℃に予熱する。

作り方

1　〔生地①〕を作る。ボウルにクリームチーズを入れて湯
　　せんにかけ、ゴムべらでやわらかくなるまで練る。グラ
　　ニュー糖を加え、泡立て器でなめらかになるまで混ぜる。

2　小鍋に生クリームと桂花茶を入れ、トンカ豆をおろし器
　　で細かく削って加える。中火にかけて沸騰させ、火を止
　　める。ホワイトチョコを加えてゴムべらで混ぜ、よく溶
　　かす。

3　1のボウルに2を加え、なめらかになるまで混ぜる。

4　〔生地②〕を作る。別のボウルにサワークリームを入れ、
　　泡立て器でよく混ぜる。溶き卵を3回に分けて加え、そ
　　の都度混ぜる。なめらかになったら、レモン果汁、コー
　　ンスターチを加えてよく混ぜる。

5　〔生地①〕のボウルに〔生地②〕を加えて混ぜ、こし器
　　にかける。

6　型にやわらかくなったアプリコットをランダムに並べる
　　（写真ⓐ）。

7　天板に耐熱バットを置いてキッチンペーパーを敷き、型
　　をのせる。5を流し入れ、バットに深さ2～3cmまで熱
　　湯を注ぐ。180℃のオーブンで25分、150℃に下げて20
　　分、湯せん焼きにする。

8　型を取り出し、粗熱がとれたら型から外す。オーブンシー
　　トをつけたまま、冷蔵庫で4時間以上冷やす。

pick up

桂花茶、
ドライアプリコット

桂花茶とは金木犀の花を
乾燥させたお茶で、ほん
のり甘い香りがします。ド
ライアプリコットは、酸味
の強いものがおすすめ。
どちらも製菓材料店やネッ
トショップで購入できます。

アプリコットは、パレットナイフ
などを使うと並べやすい。隙間
ができてもOK。

かぼちゃの
チーズケーキ

バターをしっかり焦がすことで、わずかな酸味と苦味をプラス。
かぼちゃのもつ、やさしくて力強い甘さを最大限に引き出しました。

材料 （ 21×8×高さ6cmのパウンド型 1台分 ）

〔 生地① 〕

クリームチーズ … 200g

きび砂糖 … 100g

無塩バター … 20g

生クリーム（できれば乳脂肪分が
　40%以上のもの）… 100㎖

シナモンパウダー … 小さじ1

ホワイトチョコレート（製菓用）… 50g

〔 生地② 〕

かぼちゃペースト* … 200g

卵 … 2個

コーンスターチ … 20g

ボトム（プレーン、p.32）… 半量

*かぼちゃは種とワタを除いて塩ひとつまみをふり、
　蒸し器または電子レンジでやわらかくなるまで加
　熱する。果肉だけをスプーンですくってボウルに
　移し、ゴムべらでペースト状にしておく（写真ⓐ）。

下準備

● クリームチーズ、卵は常温に戻す。
　卵は溶いておく。

● 型にオーブンシートを敷き、
　ボトムを敷き詰める。

●オーブンは180℃に予熱する。

作り方

1　〔 生地① 〕を作る。ボウルにクリームチーズを入れて湯
　せんにかけ、ゴムべらでやわらかくなるまで練る。きび
　砂糖を加え、泡立て器でなめらかになるまで混ぜる。

2　小鍋にバターを入れて強火にかけ、茶色くなるまで焦が
　して一旦火を止める（写真ⓑ）。生クリームとシナモンパ
　ウダーを加えて中火にかけ、沸騰したら火を止める。ホ
　ワイトチョコを加えてゴムべらで混ぜ、よく溶かす。

3　1のボウルに2を加え、なめらかになるまで混ぜる。

4　〔 生地② 〕を作る。別のボウルにかぼちゃペーストを入
　れ、ゴムべらでなめらかになるまで混ぜる。溶き卵を3
　回に分けて加え、泡立て器でその都度混ぜる。なめらか
　になったら、コーンスターチを加えてよく混ぜる。

5　〔 生地① 〕のボウルに〔 生地② 〕を加えて混ぜ、こし器
　にかける。

6　天板に耐熱バットを置いてキッチンペーパーを敷き、型
　をのせる。5を流し入れ、バットに深さ2～3cmまで熱
　湯を注ぐ。180℃のオーブンで25分、150℃に下げて20
　分、湯せん焼きにする。

7　型を取り出し、粗熱がとれたら型から外す。オーブンシー
　トをつけたまま、冷蔵庫で4時間以上冷やす。好みで「紅
　茶のクリーム」（p.35）を添えてもおいしい。

a

やわらかくしたかぼちゃは、ペ
ースト状になるまでゴムべらで
しっかり練ることで、なめらか
な口当たりに仕上がる。

b

バターは、濃い茶色になるまで
しっかり焦がす。焦がしバター
にすることで、香ばしい風味と
コクが加わる。

冬

ヘーゼルナッツの
チーズケーキ

ヘーゼルナッツのうま味と渋味が、クリームチーズとマリアージュ。
スモークチップで薫香をつければ、さらに大人の味わいが楽しめます。

材料 （ 21×8×高さ6cmのパウンド型 1台分 ）

〔 生地① 〕
クリームチーズ … 200g
グラニュー糖 … 100g
生クリーム（できれば乳脂肪分が
　40%以上のもの） … 100㎖
バニラビーンズ* … ¼本
ホワイトチョコレート（製菓用） … 50g

〔 生地② 〕
A｜サワークリーム … 90g
　｜ヘーゼルナッツペースト … 90g
卵 … 2個
コーンスターチ … 20g

ボトム（プレーン、p.32） … 半量

* バニラビーンズはなくても作れるが、
　入ることで風味が格段によくなる。

下準備

● クリームチーズ、卵は常温に戻す。
　卵は溶いておく。
● 型にオーブンシートを敷き、
　ボトムを敷き詰める。
● オーブンは180℃に予熱する。

作り方

1 〔 生地① 〕を作る。ボウルにクリームチーズを入れて湯
　せんにかけ、ゴムべらでやわらかくなるまで練る。グラ
　ニュー糖を加え、泡立て器でなめらかになるまで混ぜる。

2 小鍋に生クリームを入れる。バニラビーンズは包丁で縦
　に切り目を入れて開き、中の種をこそげ取ってさやと一
　緒に加える。中火にかけて沸騰させ、火を止める。ホワ
　イトチョコを加えてゴムべらで混ぜ、よく溶かす。

3 1のボウルに2を加え、なめらかになるまで混ぜる。

4 〔 生地② 〕を作る。別のボウルにAを入れ、ゴムべらで
　よく混ぜる。溶き卵を3回に分けて加え、泡立て器でそ
　の都度混ぜる。なめらかになったら、コーンスターチを
　加えてよく混ぜる。

5 〔 生地① 〕のボウルに〔 生地② 〕を加えて混ぜ、こし器
　にかける。

6 天板に耐熱バットを置いてキッチンペーパーを敷き、型
　をのせる。5を流し入れ、バットに深さ2～3cmまで熱
　湯を注ぐ。180℃のオーブンで25分、150℃に下げて20
　分、湯せん焼きにする。

7 型を取り出し、粗熱がとれたら型から外す。オーブンシー
　トをつけたまま、冷蔵庫で4時間以上冷やす。

pick up

ヘーゼルナッツペースト

ローストしたヘーゼルナッ
ツをペースト状にしたもの。
本書では、富澤商店（TO
MIZ）の「ヘーゼルナッツ
ペースト」（100g入り）を
使っています。

薫香をつけると違ったおいしさに

ヘーゼルナッツの香ばしさを薫香が引き立て、風味豊かなチーズケー
キになります。まずは焼きたてのチーズケーキを型ごと耐熱バットに
のせましょう。アルミ箔をたたんで受け皿を作り、スモークチップ（桜、
ナラなど。100円ショップでも購入可）をひと握り分のせ、隅に置きま
す（写真左）。チップをバーナーで炙り、煙が出たらバットをアルミ箔
で包んでください（写真右）。15分ほどおいたら完成です。

チョコレートの
チーズケーキ

チーズケーキ好きにも、チョコレートケーキ好きにもおすすめの一品。
コクと酸味、苦味、甘さが絶妙なバランスです。あつあつを召し上がれ。

材料 （直径10×高さ6cmのココット型 4個分）

〔生地①〕

クリームチーズ … 200g
グラニュー糖 … 100g
生クリーム（できれば乳脂肪分が
　40％以上のもの）… 100mℓ
バニラビーンズ* … ¼本
ホワイトチョコレート（製菓用）… 50g

〔生地②〕

サワークリーム … 90g
ココアパウダー（またはカカオパウダー）
　… 50g
卵 … 2個
レモン果汁 … 小さじ2弱（9g）
コーンスターチ … 20g

*バニラビーンズはなくても作れるが、
　入ることで風味が格段によくなる。

下準備

● クリームチーズ、卵は常温に戻す。
　卵は溶いておく。
● オーブンは180℃に予熱する。

作り方

1　〔生地①〕を作る。ボウルにクリームチーズを入れて湯せんにかけ、ゴムべらでやわらかくなるまで練る。グラニュー糖を加え、泡立て器でなめらかになるまで混ぜる。

2　小鍋に生クリームを入れる。バニラビーンズは包丁で縦に切り目を入れて開き、中の種をこそげ取ってさやと一緒に加える。中火にかけて沸騰させ、火を止める。ホワイトチョコを加えてゴムべらで混ぜ、よく溶かす。

3　1のボウルに2を加え、なめらかになるまで混ぜる。

4　〔生地②〕を作る。別のボウルにサワークリームを入れ、ココアパウダーを数回に分けて加え、ゴムべらでその都度よく混ぜる。溶き卵を3回に分けて加え、泡立て器でその都度混ぜる。なめらかになったら、レモン果汁、コーンスターチを加えてよく混ぜる。

5　〔生地①〕のボウルに〔生地②〕を加えて混ぜ、こし器にかける。

6　天板に耐熱バットを置いてキッチンペーパーを敷き、型をのせる。5を等分に流し入れ、バットに深さ2～3cmまで熱湯を注ぐ。180℃のオーブンで25分、150℃に下げて20分、湯せん焼きにする。

7　型を取り出し、温かいうちにいただく。好みで「焦がしバタービスケット」（p.35）をかけてもおいしい。

ココアパウダー

カカオ豆を加熱して粉砕したもの。カカオパウダーは加熱処理されていませんが、仕上がりに大きな差はありません。ココアを使う時は、混ぜ物のない純ココアを使いましょう。

pick up

Mr. CHEESECAKE

ボトム生地
〔プレーン・抹茶・塩〕

なめらかなチーズケーキと一緒に口の中で溶けてなくなるような
ホロホロ食感は、チーズケーキの新しい魅力を引き出します。
市販のビスケットに溶かしバターを混ぜたものでも代用できますが、
手作りのボトムの味は格別。ぜひチャレンジしてみてください。

作り方

| 1 | 2 | 3 |

1 フードプロセッサーに、冷やしておいた材料をすべて入れ、
　粗いそぼろ状になるまで攪拌する(右ページ写真ⓐⓑ)。

2 大きいかたまりがあれば、手でほぐしながら天板に広げ、180℃のオーブンで15分焼く。

3 全体がこんがりときつね色になったら取り出し、粗熱をとる。
　大きいかたまりは手でほぐす。

　＊一度に使わない場合は、冷めてから保存袋に入れて冷凍もできる(保存期間約2週間)。

材料 （作りやすい分量・チーズケーキ2台分）

〔 プレーン 〕
無塩バター … 50g
グラニュー糖 … 50g
薄力粉 … 50g
アーモンドパウダー … 50g

〔 抹茶味 〕
上記の材料＋抹茶大さじ1（5g）

〔 塩味 〕
上記の材料＋塩ひとつまみ

下準備

● バターは1cm角に切る。
　すべての材料を、冷蔵庫で30分以上冷やす。
● 天板にオーブンシートを敷き、
　オーブンは180℃に予熱しておく。

攪拌を始めると、まずはさらさ
らとした砂状になり、1～2分で
まとまりが出てくる。

バターが少しずつ溶けて粒状
に変わるので、1秒ずつ様子を
見ながら攪拌する。攪拌しすぎ
ると、ひとまとまりの生地になっ
てしまうので注意する。

クランブルにしてもおいしい

ボトムは、クランブルとしてトッピ
ングしてもおいしいです。チーズ
ケーキにはもちろん、ヨーグルト
やアイスにも合います。

チーズケーキに ひと手間

基本のチーズケーキに合わせても、四季のフレーバーに合わせても。
1台のチーズケーキを、4つのひと手間で新たな味わいに。

春の訪れを感じる
フレッシュな甘酸っぱさ

少しずつ食べながら
味の変化を楽しんで

いちごと桜のジャム

オリーブオイル塩レモン

材料 （作りやすい分量）

いちご … 1パック（300g）　桜の塩漬け（市販品）… 50g
グラニュー糖 … 60g　レモン果汁 … 小さじ½（3g）

作り方

1　いちごはヘタを除いて8mm角に切り、ボウルに入れ
　　る。グラニュー糖を加え、水分が出るまで30分おく。

2　桜の塩漬けは塩を軽く洗い流し、水に浸けて塩抜き
　　する。30分おいたら水気をよく絞り、細かく刻む。

3　鍋に1の水分だけを入れ、中火にかける。沸騰したら、
　　果肉の⅔量を加えて弱火にし、キャンディーのよう
　　な甘い香りがするまで10分ほど煮る。

4　火を止め、残りの果肉と2を加えてさっと混ぜる。
　　中火にかけて再沸騰させ、ボウルに移す。粗熱がと
　　れたら、レモン果汁を加える。冷蔵庫でひと晩寝か
　　せると、まとまりのある味に（保存期間約1週間）。

材料 （チーズケーキ1切れ分）

オリーブオイル* … 大さじ1強（15g）
レモンの皮、塩* … 各適量

* オリーブオイルはエキストラバージン、
　塩は粒子が粗めのものがおすすめ。

作り方

カットしたチーズケーキに、オリーブオイ
ルをかける。レモンの皮をすりおろし、塩
少々をかけていただく*。

* 材料を足すごとに少しずつ食べ、その都度味の変
　化を楽しむのがおすすめ。小皿に材料を混ぜ合わせ、
　チーズケーキに少しずつつけながら食べてもOK。

芳醇な香りを楽しめる
スペシャルな味わい

紅茶のクリーム

材料 （作りやすい分量）

無塩バター … 10g
生クリーム（できれば乳脂肪分が40％以上のもの）
　… 200㎖
紅茶（茶葉） … 小さじ1（2g）
ホワイトチョコレート（製菓用） … 20g

作り方

1 小鍋にバターを入れて強火にかけ、茶色くな
　るまで焦がして一旦火を止める。生クリーム
　と紅茶を加えて中火にかけ、泡立て器で混ぜ
　ながら沸騰させる。

2 火を止め、ホワイトチョコを加えてゴムべら
　で混ぜ、よく溶かす。10分ほどおき、紅茶
　の香りを移す。

3 2をこし器にかけながら、ボウルに移す。ボ
　ウルの底を氷水に当て、ハンドミキサーで8
　分立てにする。

なめらかなチーズケーキに
ザクザク感と香ばしさを

焦がしバタービスケット

材料 （作りやすい分量）

ビスケット（市販品） … 15g
無塩バター … 40g

作り方

1 ポリ袋などにビスケットを入れ、めん棒
　などでたたいて細かく砕く。

2 小鍋にバターを入れて強火にかけ、茶色
　くなるまで焦がして火を止める。

3 2に1を加えて混ぜ合わせ、チーズケー
　キにかける。

Mr. CHEESECAKE | 2 章

人生最高のスイーツ

初めて食べた時の記憶をたどりながら、今食べても「おいしい」と思える味を追求した「人生最高のスイーツ」。レストラン時代に作っていたレシピをベースに、みなさんにもなじみ深いスイーツを作りました。定番のスイーツだからこそ、トラディショナルなレシピで作るのではなく、今の時代に合わせて軽さを出したり、お酒を使わなくてもおいしく感じるように香りを足したり。どのレシピもひと工夫を加え、ほかにはない味に仕上げています。

pudding italien

しっかり角が立ちながら、口当たりはなめらか

イタリアンプリン

卵、クリームチーズ、練乳、生クリーム……。すべての材料が絶妙なバランスを保った、こっくり硬めの濃厚プリンができました。これは、クラシカルにカップで焼くのもいいけれど、どかんと大きく焼くのが好きなんです。ただし、人生最高の焼き加減に仕上げるのが、なかなか難しいのも、このプリン。型によって熱伝導が違うし、オーブンのクセにも影響を受けます。とはいえ、"ス"が入ってしまっても、決して失敗ではありません。ちょっとだけ、ミルクのやさしい甘味よりも卵の味が強く出ます。みなさんも人生最高の焼き加減を目指し、ぜひチャレンジしてみてください。

イタリアンプリン

材料（18×8×高さ8cmのパウンド型1台分）

〔カラメルソース〕
グラニュー糖 … 40g
水 … 大さじ1
湯 … 大さじ1

作り方

1	2	3
4	5	6

〔カラメルソース〕 を作る	**1**	小鍋にグラニュー糖と水を入れて中火にかけ、軽く鍋を傾けて全体を揺らしながら溶かす*。全体がこんがりと茶色くなったら、火を止めて湯を加える。 ＊ゴムべらなどでかき混ぜないこと。 　薄く色づいてきたらすぐに焦げ始めるので、目を離さないようにする。
	2	型に**1**をすぐに流し込む。
	3	カラメルが固まらないうちに、型を傾けながら全体に行き渡らせる。 冷蔵庫に一旦入れ、冷やしておく。
〔プリン液〕を作る	**4**	ボウルにクリームチーズを入れ、ゴムべらでやわらかくなるまで練る。 泡立て器に持ち替え、グラニュー糖を加えて全体がなじむまで混ぜ、 練乳を加えてなめらかになるまで混ぜる。
	5	溶き卵を2〜3回に分けて加え、その都度よく混ぜる。
	6	小鍋に牛乳と生クリームを入れる。 バニラビーンズは包丁で縦に切り目を入れて開き、種をこそげ取ってさやと一緒に加える。 中火にかけ、ふきこぼれないように注意しながら沸騰させ、火を止める。

〔プリン液〕
クリームチーズ … 100g
グラニュー糖 … 20g
練乳 … 60g
卵 … 4個
牛乳 … 200㎖
生クリーム（できれば乳脂肪分が40％以上のもの）… 100㎖
バニラビーンズ* … ½本

＊なければバニラエッセンス少々でもOK。

下準備

● クリームチーズ、練乳、卵は常温に戻す。
　卵は溶いておく。
● オーブンは160℃に予熱する。
● 焼くタイミングに合わせ、
　熱湯（分量外）を準備しておく。

7　8　9

10　11　12

〔プリン液〕を作る	7	熱いうちに、**5**に**6**を少しずつ加えながら混ぜる。
	8	こし器にかけ、なめらかな生地にする*。
		＊この時、プリン液の仕上がりの温度が50〜60℃になると、スが入りにくく、なめらかな舌触りに。
焼く	9	天板に耐熱バットを置いてキッチンペーパーを敷き、**3**の型をのせて**8**を流し入れる。
	10	バットに深さ2〜3cmまで熱湯を注ぎ*、 160℃のオーブンで40〜50分、湯せん焼きにする。
		＊深さのある天板の場合は、耐熱バットを使わずに湯せん焼きしても。 熱湯は、オーブンに天板をセットしてから注いでもOK。 プリンカップで焼く時は、焼き時間を30分ほどに。
	11	型を取り出し、粗熱がとれてから冷蔵庫で2〜3時間冷やす。 ナイフなどを型の四辺に沿わせてから、皿をかぶせて上下を返す。
	12	皿ごと上下に少し揺らしてから型を外す。

chou à la crème

食べる直前にクリームを。家だからできる贅沢なおいしさ

クッキーシュー

カスタードクリームを最もおいしく食べられるスイーツって何だろう？ そう考え
た時、真っ先に思いついたのが、シュークリームでした。でも僕にとって、
シュークリームの主役は、断然シューの方。それも、しっとりとしたシューより、
サクサクのクッキーシューが好きなんです。焼きたてのシューに、なめらかな
カスタードクリームを「これでもか！」とたっぷり詰めたなら……。クッキー、シ
ュー、カスタードが、それぞれ口の中で遊んでいるような、いい意味で一体
感のなさが生まれ、外では味わえない最高の瞬間を体験できます。シュー
クリームこそ、まさに家で作ってほしいスイーツですね。

クッキーシュー

材料 （約12〜13個分）

〔カスタードクリーム〕
牛乳 … 250㎖
グラニュー糖 … 75g
トンカ豆* … ½個
　（またはバニラビーンズ½本）
卵黄 … 60g（約3個分）
強力粉 … 10g
コーンスターチ … 10g

〔シュトロイゼル〕
（クッキー生地）
きび砂糖 … 60g
薄力粉 … 60g
無塩バター … 50g
〔シュー生地〕
A｜牛乳 … 100㎖
　｜無塩バター … 45g
　｜塩、グラニュー糖 … 各ひとつまみ
薄力粉 … 55g
卵 … 1〜2個

生クリーム（できれば
　乳脂肪分が40％以上
　のもの）… 150㎖
グラニュー糖 … 15g

作り方（1）

1　2　3

4　5　6

〔カスタードクリーム〕
を作る

1 小鍋に牛乳とグラニュー糖ひとつまみ（分量の一部）を入れる。
トンカ豆をおろし器で細かく削って加え、中火にかけて沸騰させ、火を止める*。
＊沸騰を待っている間に2〜3を進めておく。ふきこぼれには気をつけて。

2 ボウルに卵黄を入れて泡立て器で混ぜ、残りのグラニュー糖を加えて白くもったりするまでよく混ぜる。

3 強力粉とコーンスターチを加え、粉っぽさがなくなるまで混ぜる。

4 1がしっかり沸騰しているかを確認し、3に少しずつ加えてその都度よく混ぜる*。
＊液体の温度が高いまま仕上げるのがポイント。ここは手際よく作業して。

5 4をこし器にかけながら、鍋に移す。強火にかけ、よく混ぜながら一気に炊き上げる。
最初は泡立て器で絶えず混ぜ、濃度が出てきたらゴムべらに持ち替え*、
ツヤが出てなめらかになるまで混ぜる。
＊液状から固まり始めると、一旦泡立て器が重たくなるが、
　そこからさらに混ぜ続けると、急に軽くなる。そのタイミングでゴムべらに持ち替える。

6 ラップを敷いたバットになるべく薄くなるように5を流し入れる。上からもぴったりとラップをかけ、
冷蔵庫で冷やしておく（最初の5分くらいを冷凍庫に入れると、早く冷える）。

下準備

- シュトロイゼルのバターは1cm角に切り、きび砂糖、薄力粉と一緒に冷蔵庫で30分以上冷やす。
- 卵はすべて常温に戻しておく。
- シュー生地の薄力粉はふるっておく。
- バットにラップを敷く。

> ※カスタードクリームとシュトロイゼルは、作りやすい分量です。少量で作ると失敗する可能性があるため、シュー生地に対して量が多くなっています。カスタードクリームは1週間、シュトロイゼルは2週間程度、冷凍保存できます。カスタードクリームは、「フルーツサンド」(p.49)に使うのもおすすめです。

＊トンカ豆はなくても作れるが、入ることで格段に風味がよくなる。
　トンカ豆の代わりに紅茶の茶葉14gを加えると、紅茶のカスタードクリームに。

7　　　　　　　　　　8　　　　　　　　　　9

10　　　　　　　　　11　　　　　　　　　12

→

〔シュトロイゼル〕
を作る

7　フードプロセッサーに、冷やしておいたシュトロイゼルの材料をすべて入れる。

8　粒状になるまで、攪拌する＊。
　＊1〜2分で砂状→そぼろ状になり、少しずつまとまりが出てくる。
　　攪拌しすぎると、ひとまとまりの生地になってしまうので注意する。

9　粒状にまとまったら、大きめの保存袋に移す。

10　めん棒などで厚みが1.5〜2mmになるまでのばす。袋のまま冷蔵庫で20分以上寝かせる。

〔シュー生地〕
を作る

11　鍋にAを入れ、中火にかけて沸騰させる。薄力粉を一気に加え、ゴムべらで手早く練り上げる。

12　鍋底に膜ができ、粉に火が入って生地としてまとまりが出るまで加熱する。

クッキーシュー

作り方（2）

13　14　15

16　17　18

〔シュー生地〕を作る	13	**12**をボウルに移し、溶き卵を4～5回に分けて加え、ゴムべらでその都度よく混ぜる。生地にツヤが出て、すくった生地がゆっくり落ちて逆三角形を作る粘度になればOK*。

*卵の量は、生地の様子を見て調節する。このあたりで、オーブンを200℃に予熱しましょう。

焼く	14	**10**のシュトロイゼルを直径2～3cmの丸形に抜く*。

*セルクルはもちろん、抜き型の裏やペットボトルのフタなどでも抜ける。

	15	裏返した天板にオーブンシートを敷く*。口金をつけた絞り袋に**13**のシュー生地を入れ、3～4cmくらいの大きさに間隔をあけて絞る（12～13個が目安）。

*天板は上下を逆さにすると、広く使える。
　オーブンシートは、四隅にシュー生地を少しつけてから敷くと、ピタッと留まって絞りやすい。

	16	シュー生地の上に**14**のシュトロイゼルを1枚ずつのせ、200℃のオーブンで4分、160℃に下げて40分焼く。焼き上がったら、粗熱をとる。

仕上げる	17	ボウルに生クリーム、グラニュー糖を入れて8～9分立てにする。別のボウルに**6**のカスタードクリーム150gを入れてゴムべらでなめらかにし、生クリームを加えて混ぜる*。

*カスタードクリーム、生クリーム、グラニュー糖を10：10：1の分量で合わせる。

	18	シューのおしりに箸などで小さく穴をあけ、口金をつけた絞り袋に**17**を入れてたっぷりと詰める。

クッキーシューで残った
カスタードをアレンジ

sandwich aux fruits

フルーツサンド

トンカ豆入りの自家製カスタードクリームが、
フルーツのみずみずしさを邪魔することなく、おいしさを引き立てます。
パンではさんでほおばれば、それだけで幸せです。

材料（1人分）

食パン（6枚切り）… 2枚
生クリーム、グラニュー糖
　　… 各適量
カスタードクリーム（p.46参照）
　　… 生クリームの約2倍量
好みのフルーツ … 適量

作り方

1　ボウルに生クリームとグラニュー糖＊を入れ
　て8〜9分立てにする。別のボウルにカスター
　ドクリームを入れてゴムべらでなめらかにし、
　生クリームを加えて混ぜる。
　＊グラニュー糖は、生クリームの10％の重量が目安。

2　食パン1枚に**1**を塗ってフルーツをのせ、さ
　らに**1**をのせる。もう1枚のパンではさみ、
　ラップで包んで冷蔵庫で30分ほど寝かせる。

3　ラップを外し、温めた包丁でパンの耳を落と
　す。さらに対角線を切って4等分する。

49

gâteau au chocolat

濃厚なのに、軽やか。創造するガトーショコラ

ガトーショコラ

ガトーショコラって、じつは苦手だったんです。というのも、どしんと重く、濃厚なのに口溶けがよくないイメージがあったんですね。そんな自分が「おいしい」と思える味を作りたい、と試行錯誤して生まれたのがこのレシピ。ココアパウダーをたっぷり使い、"チョコレートそのものをいちから創造するイメージ"で焼きました。形を保てるぎりぎりのやわらかさで焼き上げるので、中心はとろ〜り。焼きすぎないよう、焼き時間は様子を見て調節してください。僕は、1本で大きく焼くよりも、小さめの型2台で焼いて、少しずつ食べるのが好き。もうちょっと食べたいぐらいがちょうどいい、と思っています。

ガトーショコラ

材料

（ 13.5×7×高さ4.5㎝のパウンド型2台分*1 ）

〔生地①〕
サワークリーム … 100g
きび砂糖 … 80g
練乳 … 20g
卵 … 1個

作り方

〔生地①〕を作る	**1** ボウルにサワークリームときび砂糖を入れ、泡立て器でやわらかくなるまで練る。
	2 練乳を加えてなめらかになるまで混ぜる。
	3 溶き卵を2〜3回に分けて加え、その都度よく混ぜて均一にする。
〔生地②〕を作る	**4** 鍋にバターを入れて強火にかけ、茶色くなるまで焦がして一旦火を止める。 少し温度が下がったら、生クリームと豆乳を加える*。 *はねやすいので、やけどに注意。不安な場合は、鍋の底に濡れふきんを当てるとよい。
	5 バニラビーンズは包丁で縦に切り目を入れて開き、種をこそげ取ってさやと一緒に加える。 中火にかけて沸騰させ、火を止める。
	6 ホワイトチョコを加えてゴムべらで混ぜ、よく溶かす。

〔 生地② 〕

無塩バター … 40g

生クリーム（できれば乳脂肪分が
　　40％以上のもの）… 200㎖

無調整豆乳 … 100㎖

バニラビーンズ*² … ¼本

ホワイトチョコレート（製菓用）… 50g

ココアパウダー
　　（またはカカオパウダー）*³ … 100g

下準備

● 練乳、卵は常温に戻す。卵は溶いておく。

● 型にオーブンシートを敷き、オーブンは250℃に予熱する。

*1 小さめの型2台で焼くのがおすすめ。ココットなどで焼いてもよい。

*2 なければバニラエッセンス少々でもOK。

*3 ココアパウダー80g＋スキムミルク20gにすると、よりミルキーに仕上がる。

7

8

9

10

〔 生地② 〕を作る	**7**	ココアパウダーを加えて中火にかけ、ふつふつと再沸騰するまで泡立て器で混ぜる*。
		*ここで多少ダマになっても、気にしなくてOK。
生地を合わせる	**8**	〔 生地① 〕のボウルに〔 生地② 〕を加えてよく混ぜる。
	9	こし器にかけ、なめらかな生地にする。
焼く	**10**	型に流し入れ、250℃のオーブンで10〜12分焼く。
		型を取り出し、粗熱がとれたら型から外す。
		オーブンシートをつけたまま、冷蔵庫で4時間以上冷やす。

tiramisu

子どもも、大人も一緒に。目指したのは、みんなで食べられるレシピ

ティラミス

家で作るお菓子は、子どもも一緒に食べられるものにしたいんです。ティラミスって、お酒が入るレシピが多いでしょう？ かといって、単純にお酒を抜いてしまうと、味が変わってしまう。そこで、お酒を抜いた上で、どこまでおいしく作れるのかを考えたのがこのレシピです。焦がしバターのコク、ほうじ茶の香りを加え、コーヒーは抑え気味に、マスカルポーネには卵黄をプラス。作り方は少し複雑かもしれないけれど、その分、みんなでおいしく食べられる自慢のティラミスができました。冷蔵でもおいしいですが、冷凍で食べるのもおすすめ。舌の温度で素材が溶け合い、シュワッと消える感覚が絶妙です。

ティラミス

材料 （21×8×高さ6cmのパウンド型 1台分）

〔ほうじ茶クリーム〕
無塩バター … 10g
生クリーム（できれば乳脂肪分が
　40％以上のもの）… 200ml
ほうじ茶（茶葉）… 小さじ1（2g）
ホワイトチョコレート（製菓用）… 20g

作り方

1　　　　　　　2　　　　　　　3

4　　　　　　　5　　　　　　　6

〔ほうじ茶クリーム〕 を作る	**1**	小鍋にバターを入れて強火にかけ、茶色くなるまで焦がして一旦火を止める。 生クリームとほうじ茶を加えて中火にかけ、泡立て器で混ぜながら沸騰させ、火を止める。
	2	ホワイトチョコを加えてゴムべらで混ぜ、よく溶かす。10分ほどおき、ほうじ茶の香りを移す。
〔チーズ生地〕 を作る	**3**	ボウルにマスカルポーネとクリームチーズを入れ、ゴムべらでやわらかくなるまで練る。 泡立て器に持ち替え、練乳を加えてなめらかになるまで混ぜる。
	4	別のボウルに卵黄を入れて泡立て器で混ぜ、きび砂糖を加える。 湯せんにかけ、しっかりととろみがつくまで混ぜる*。 *フライパンなどに湯をはり、キッチンペーパーを敷いてボウルの底をつけて温める。 　泡立て器から落ちた生地が、5の写真のようにリュバン状（リボン状）に残ればOK。
	5	**3**のボウルに**4**を加えて混ぜる。
〔ほうじ茶クリーム〕 を加える	**6**	**2**をこし器にかけながら、別のボウルに移す。 ボウルの底を氷水に当て、ハンドミキサーで7分立て*にする。 *持ち上げたときにツノが立たず、クリームがとろとろと落ちてスジがわかるくらい。

〔チーズ生地〕
マスカルポーネ … 200g
クリームチーズ（できれば
　キリのもの）… 50g
練乳 … 20g
卵黄 … 2個分
きび砂糖 … 30g

卵白 … 2個分
グラニュー糖 … 20g
A｜インスタントコーヒー（粉末）… 15g
　｜湯 … 90㎖
　｜グラニュー糖 … 10g
ビスケット（市販品）＊ … 8枚
ココアパウダー（またはカカオパウダー）… 適量
＊本書では、コーヒーが染み込みやすいマリービスケットを使用。

下準備
● クリームチーズ、練乳、卵黄は常温に戻す。
● 型にオーブンシートを敷く。

※冷凍（p.57）でも冷蔵（p.56）でも楽
しめるレシピです。冷凍する時は、
型にオーブンシートを敷きますが、
冷蔵の場合は不要です。好みの器や
グラスで同様に作ってください。

7　8　9

10　11　12

〔ほうじ茶クリーム〕を加える	7	5のボウルに6を加えて混ぜる。
メレンゲを加える	8	別のボウルに卵白、グラニュー糖を入れて底を氷水に当て、ハンドミキサーでピンとツノが立つまで泡立て、しっかりとしたメレンゲを作る。
	9	7のボウルにメレンゲを2～3回に分けて加える。最初は泡立て器でよく混ぜ、2回目以降はゴムべらで底からさっくり混ぜる。
仕上げる	10	小さめの容器にAを混ぜ、ビスケットをしっかり浸してから、半量を型の底に並べる。
	11	9の半量をのせ、型の底を軽く打ちつけて空気を抜く。さらにAを染み込ませた残りのビスケット、残りの9を順にのせ、パレットナイフなどで表面を平らにする。
	12	冷凍庫でひと晩、型のまま冷凍する。型から取り出してオーブンシートをはがし、ココアパウダーをふる。

レモンをたっぷりと。お店で売れない繊細なやわらかさ

ウィークエンドシトロン

南フランスで修業していたこともあり、レモンはなじみのある素材。新しいパウン
ドケーキを作りたいと思った時、頭に浮かんだのが、ウィークエンドシトロンでし
た。僕はしっとりとなめらかな焼き菓子が好きなのですが、それにはたっぷりの
バターが必須。そのままだとバターが重すぎるため、どれだけレモンを入れられ
るかが、このケーキの課題でした。バターとレモン果汁は混ざりにくいですが、
一生懸命混ぜるのが、おいしく作るコツ。繊細なケーキなので、焼き上がりは
慎重に扱いましょう。ケーキが外れやすいよう、型にしっかりバターを塗り、粉を
ふっておくのもポイントです。家ならではの半熟感、週末に味わってみませんか？

week-end citron

ウィークエンド
シトロン

材料 （18×8×高さ8cmのパウンド型 1台分）

〔 生地 〕

無塩バター … 160g	アーモンドパウダー … 60g
きび砂糖 … 160g	薄力粉 … 100g
レモンの皮 … 1個分	レモンピール（市販品）… 40g
卵黄 … 2個分	卵白 … 2個分
レモン果汁 … 70g	グラニュー糖 … 15g

作り方

1　2　3

4　5　6

〔 生地 〕を作る	1	型用のバター（下準備参照）をなめらかなポマード状にし、 型の内側にハケでしっかりと塗り、薄力粉（分量外）をふるって余分な粉を落とす*。
		*生地が型につかないよう、バターはまんべんなくしっかりと塗る。 　オーブンシートを敷かないことで、きれいな焼き色に仕上がる。
	2	ボウルに生地用のバターを入れ、泡立て器でやわらかくなるまで練る。 きび砂糖とレモンの皮を加え、白っぽくなるまで混ぜる。
	3	卵黄を溶いて2〜3回に分けて加え、その都度よく混ぜる。 さらにレモン果汁を5〜6回に分けて加え、その都度よく混ぜて均一にする。
	4	ゴムべらに持ち替え、合わせたアーモンドパウダーと薄力粉を2〜3回に分けて加える。 その都度粉っぽさがなくなるまで切るように混ぜる。
メレンゲを加える	5	レモンピールを加え、さらに混ぜる。
	6	別のボウルに卵白、グラニュー糖を入れて底を氷水に当て、 ハンドミキサーでピンとツノが立つまで泡立て、しっかりとしたメレンゲを作る。

〔シロップ〕
A | 水 … 35㎖
　 | グラニュー糖 … 15g
　 | レモン果汁 … 15g

〔グラスアロー(糖衣)〕
B | 粉糖 … 170g
　 | レモン果汁 … 30g

下準備

● 生地用のバターと型用のバター20〜30g(分量外)は
　薄く切り、卵黄とともに常温に戻す。
● ボウルにきび砂糖を入れ、レモンの皮を削って香りを移す。
● アーモンドパウダーと薄力粉は合わせてふるっておく。
● オーブンは160℃に予熱する。

※ここでは、きれいな焼き色とシャープなエッジを出すため、松永製作所のパウンド型「黄金
パウンドB」を使用しています。記載のサイズより小さい18㎝型だと生地があふれる可能性が
あるため、その場合は21㎝のパウンド型で代用し、様子を見て焼き時間を調整してください。

7

8

9

10

11

12

メレンゲを加える	**7**	**5**のボウルにメレンゲを2〜3回に分けて加え、ゴムべらで底からさっくり混ぜる。
焼く	**8**	型に生地を入れ、ゴムべらで表面をならす。型の底を軽く打ちつけて空気を抜き、中央を凹ませるようになでる*。160℃のオーブンで40〜50分焼く。 *焼くと中央が膨らむので、最終的に平らな表面になる。
仕上げる	**9**	小鍋にAを混ぜて沸騰させ、シロップを作る。**8**をゆすってケーキが外れることを確認し、温かいうちに型からそっと外す。ハケでシロップを全面にたっぷりと染み込ませる*。 *オーブンシートの上に型を返すと、ケーキが外れる。外れにくい場合は、ナイフなどを型の四辺に沿わせてから、皿をかぶせて上下を返す(p.43写真11参照)。くずれやすいので、やさしく作業して。
	10	オーブンシートで包んでからラップをかけ、乾燥しないようにして常温でひと晩おく。
	11	ボウルにBを入れてゴムべらで混ぜ、グラスアローを作る。
	12	バットなどの上に網をのせ、**10**を面が広い方を下にして置く。**11**を上面全体にかけ、厚い部分をパレットナイフでなでるようにのばし*、乾かす。 *グラスアローは、四角を描くようにケーキの縁に沿ってかけ、最後に内側を埋める感覚で。サイドは自然の流れに任せるときれいに仕上がる。足りない時は、バットに落ちた分を再利用する。

pain perdu

作り方を少し変えるだけで、驚くほどおいしく
フレンチトースト

じつはこのレシピ、"おうち時間"が長くなった時に考えたもの。誰もが知っているフレンチトースト
だからこそ、少しの手間でもっとおいしくできたなら──。食パンは4枚切りにすることで、贅沢な
仕上がりに。卵には焦がしバターを加えて、コクと香ばしさを。トンカ豆はなくてもいいですが、で
きればバニラビーンズは入れてほしい。そして極上の卵液に漬け込めば、ゴールは目前。最後は、
自分が「おいしそう」と感じる焼き加減に仕上げましょう。そうしたら、きっとお皿には人生最高のフ
レンチトーストができ上がっています。この絶妙なみずみずしさを多くの人に味わってほしいです。

フレンチ
トースト

材料 （2人分）

食パン（4枚切り・耳を落とす）… 2枚
卵 … 1個
卵黄 … 2個分
グラニュー糖 … 30g
無塩バター … 10g＋適量

A｜牛クリーム（できれば乳脂肪分が
　　40％以上のもの）… 100㎖
　　牛乳 … 50㎖
　　バニラビーンズ* … ¼本
　　トンカ豆（あれば）… ⅓個

＊なければバニラエッセンス少々でもOK。

下準備

● Aを混ぜ合わせておく。バニラビーンズは包丁で縦に切り目を入れて開き、中の種をこそげ
　取ってさやと一緒に加える。トンカ豆は、おろし器で細かく削って加える。

作り方

1　ボウルに卵と卵黄、グラニュー糖を入れ、泡立て器で白っぽくなるまでしっかりと泡立てる。

2　小鍋にバター10gを入れて強火にかけ、茶色くなるまで焦がして一旦火を止める。
　　Aを加えて中火にかけ、泡立て器で混ぜながら沸騰させ、火を止める。

3　1のボウルに2を少しずつ加えてよく混ぜ*、こし器でこす。
　　＊卵に熱が入らないよう、少しずつ加える。

4　食パンは、ラップをかけずに電子レンジ（600W）で20秒ほど温める*。
　　卵液が温かいうちに、半量をバットなどに流し入れ、食パンを並べる。残りの卵液を上からかける。
　　＊パンの水分が少し飛び、パン自体もやわらかくなることで、卵液が染みやすくなる。
　　　卵液とパンの両方が温かいうちに、作業すること。

5　ゴムべらで表面をギュッと押し、卵液を染み込ませる。上下を返し、裏面も同様にする。
　　表面にぴったりとラップをかけて5〜10分（できればひと晩）おく。

6　フライパンにバター適量を入れて強火にかけ、しっかりと焦がす。
　　中火にして5の食パンを1枚入れ、残った卵液をかけながら両面をこんがりと焼く。もう1枚も同様に焼く。

Mr. CHEESECAKE | 3章

フルーツと香り

季節とともに旬を迎えるフルーツは、それだけでも十分においしいのですが、ひと手間を加えることでさらにおいしくなります。それは「香り」を重ねること。レモングラスやタイム、ローズマリーなどのハーブのほか、すだちやゆず、ライムなどの柑橘、はちみつ、メープルシロップなどの甘味もフルーツと惹かれ合う香りをもっています。その季節が来るたびに思い出すような、誰かの記憶に残る存在に、このレシピがなれたら嬉しいです。

strawberry

〈 いちご 〉─────────────── ▶ **ハイビスカス**

ハイビスカスジュレ入り
いちごミルク

ジュレというのは、ゼリーの意味です。
ふるふるとろとろ、固まるか、固まらないか、
ギリギリのゼラチンで固めたハイビスカスのジュレが
懐かしのいちごミルクに新しさを演出します。

材料 （作りやすい分量）

水 … 500mℓ
グラニュー糖 … 60g
ハイビスカスティー（ティーバッグ）* … 2〜3パック
粉ゼラチン（水大さじ2で戻す）… 5g
レモン果汁（好みで）… 小さじ1
いちご（ヘタを除く）… 1パック（300g）
グラニュー糖、牛乳 … 各適量
*ローズヒップなどとのブレンドティーでもOK。

作り方

1 ハイビスカスジュレを作る。鍋に水とグラ
　ニュー糖を入れて混ぜ、中火にかけて沸騰
　させ、火を止める。ティーバッグと戻した
　ゼラチンを加えて混ぜ溶かし、鍋底を氷水
　に当ててとろみがつくまで混ぜる。

2 ティーバッグを取り出して保存容器などに
　注ぎ、冷蔵庫で3〜4時間冷やし固める。

3 **2**に好みでレモン果汁を加え、スプーンな
　どでざっくりとくずす。

4 ボウルにいちごを入れてフォークの背でつ
　ぶし、グラニュー糖適量を加えて混ぜる。

5 グラスに**4**のいちごとジュレを1：1の割合
　で入れ、牛乳で割って混ぜながらいただく。

どこか懐かしい味わいの
大人のいちごミルク

kiwi fruit

〈 キウイフルーツ 〉 ─────────────── レモングラス

キウイのコンポート

レモングラスで香りを加え、ベトナムやタイをイメージして仕上げたコンポート。
キウイフルーツはレモングラスと味の方向性が近く、抜群の相性。
水をココナッツウォーターに替えても、すっきりとしておいしいです。

材料 （ 作りやすい分量 ）

キウイフルーツ … 3個
A｜水 … 500㎖
　｜はちみつ … 75g
　｜レモン果汁 … 20g
レモングラス … 10g
レモンの皮 … 少々

作り方

1　キウイは皮をむき、縦6〜8等分に切る。

2　鍋にAを入れて混ぜ、中火にかけて沸騰させ、火を止める。レモングラスとレモンの皮を加えて保存容器などに移し、熱いうちに1を漬け、冷蔵庫でひと晩おく。

コンポートをシロップごと、炭酸水で割っても。シュワッと爽快な飲み口と香りは、暑い夏にぴったり。

今すぐ旅に出たくなるような
鼻の奥をくすぐる味わい。
行き先は、東南アジア

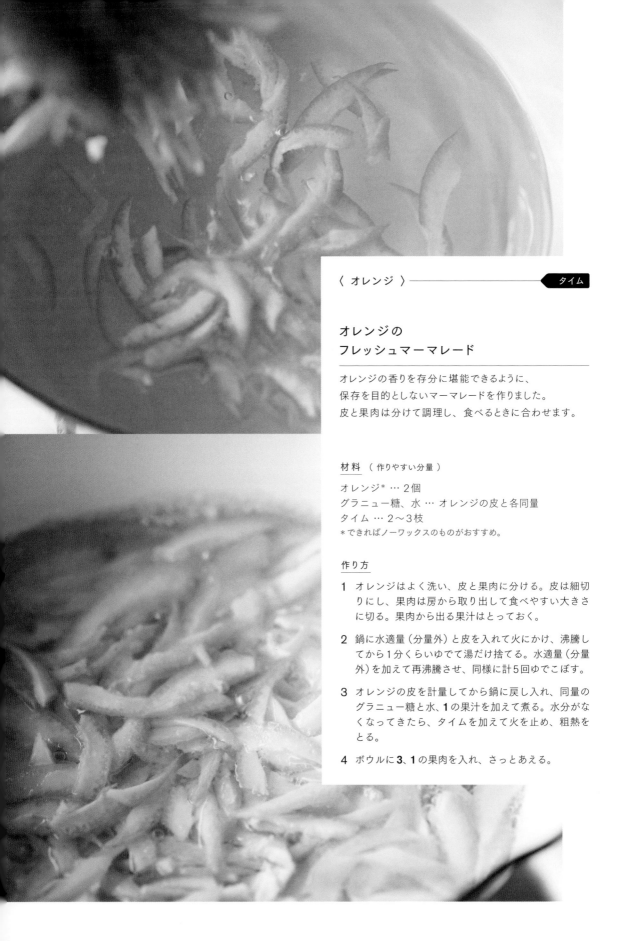

〈 オレンジ 〉───────────── タイム

オレンジの
フレッシュマーマレード

オレンジの香りを存分に堪能できるように、
保存を目的としないマーマレードを作りました。
皮と果肉は分けて調理し、食べるときに合わせます。

材料 （ 作りやすい分量 ）
オレンジ* … 2個
グラニュー糖、水 … オレンジの皮と各同量
タイム … 2〜3枝
＊できればノーワックスのものがおすすめ。

作り方

1 オレンジはよく洗い、皮と果肉に分ける。皮は細切
　 りにし、果肉は房から取り出して食べやすい大きさ
　 に切る。果肉から出る果汁はとっておく。

2 鍋に水適量（分量外）と皮を入れて火にかけ、沸騰し
　 てから1分くらいゆでて湯だけ捨てる。水適量（分量
　 外）を加えて再沸騰させ、同様に計5回ゆでこぼす。

3 オレンジの皮を計量してから鍋に戻し入れ、同量の
　 グラニュー糖と水、1の果汁を加えて煮る。水分がな
　 くなってきたら、タイムを加えて火を止め、粗熱を
　 とる。

4 ボウルに3、1の果肉を入れ、さっとあえる。

orange

作りたて、
という最高の贅沢。
タイムの香りとともに、
食べる分だけを

ヨーグルトと一緒に食べても、
チーズケーキにトッピングして
も。ほどよい甘さなので、合
わせる相手を選びません。

peach

〈 桃 〉 ──────────────── レモングラス ライム

桃のコンポート

じつは柑橘系の爽やかな香りをもっている桃。
レモンの香りをもつハーブと惹かれ合います。
日本でもなじみのあるレモングラスにライムの香りを重ねて。

材料 （2個分）

桃 … 2個
A｜水 … 1ℓ
　｜はちみつ … 150g
　｜レモングラス … 3〜4本
ライム … ½個

作り方

1 桃は皮ごと縦半分に切り、種を除く。

2 鍋にAを入れて混ぜ、中火にかける。 沸騰
　したら弱火にし、1を加えて10〜15分ほど
　煮て火を止める。

3 粗熱がとれたらライムを搾って加え、煮汁
　ごと保存容器などに移し、冷蔵庫で1時間冷
　やす（皮は盛りつけるときに手でむく）。

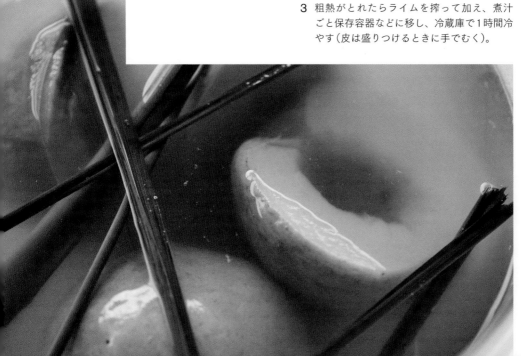

フランスの初夏の定番、
桃×レモンバーベナをレモングラスに替えて

桃のコンポートは、アレンジを加えてもおいしいです。器に盛
って煮汁をかけ、オリーブオイルと粉山椒をかければ、青い香
りがすーっと鼻を抜けていきます（写真左）。バニラアイスとラ
ズベリーを一緒に盛りつけて、「ピーチメルバ」にするのもいい
ですね（写真上）。バニラの白、桃のピンク、ラズベリーの赤
紫のグラデーションが、目にも美しいデザートです。

peach

〈 桃 〉──────── すだち ◀ 山椒

桃モッツァレラ

香りのドレッシングをまとわせた一品は、
モッツァレラを手でちぎることがポイント。
断面が粗くなることで素材の香りが移り、
口の中で、すだちや山椒が軽やかに弾けます。

材料 （作りやすい分量）

桃 … 1個
A ｜ はちみつ、オリーブオイル*、
　　　粉山椒、塩 … 各適量
すだち … 1個
モッツァレラチーズ … 1個
＊エキストラバージンがおすすめ。

作り方

1　桃は皮をむいて種を除く。食べやすい大きさに
　　切ってボウルに入れ、Aを加える。

2　1にすだちの皮½個分を削り入れ、果汁1個分も
　　加えてあえる。

3　2にモッツァレラチーズをちぎって加え、軽くあ
　　える。

4　器に盛り、オリーブオイル適量（分量外）を回し
　　かける。

grapefruit

グレープフルーツを丸ごと。
ローズマリーが爽やかな
果実より果実なゼリー

〈 グレープフルーツ 〉 ─────── ▶ ローズマリー

グレープフルーツのジュレ

ごろごろと果肉を残したジューシーなゼリーを
皮の器に冷やし固めた、夢いっぱいのスイーツ。
はちみつのほんのりやさしい甘味が、
ローズマリーの青い香りとよく合います。

材料 （2個分）

グレープフルーツ … 2個
はちみつ … 大さじ1弱（18g）
ローズマリー … 2枝
粉ゼラチン（水大さじ1弱で戻す）… 2g

作り方

1　グレープフルーツは、1個は皮をむき、房から果
　　肉を取り出す（果肉は大きければ、食べやすい大
　　きさに切る）。もう1個は横半分に切って搾り、
　　果汁180mℓをとる。皮に残った薄皮は取り除き、
　　皮の器を2個作る。

2　小鍋に1の果汁とはちみつ、ローズマリーを入れ
　　て火にかけ、60℃前後になるまで温めて火を止
　　める。戻したゼラチンを加えて混ぜ溶かし、鍋
　　底を氷水に当ててとろみがつくまで混ぜる。

3　皮の器に1の果肉と2を等分に入れ、冷蔵庫で3
　　〜4時間冷やし固める。

persimmon

〈 柿 〉 ──────────────────── ゆず　はちみつ

柿とゆずのはちみつマリネ

秋から冬にかけて旬を迎える柿とゆず。
はちみつでマリネすることで柿の水分がほどよく抜け、
ゆずのフレッシュな香りとよくなじみます。

材料 （作りやすい分量）

柿 … 1個
ゆず … 1個
はちみつ … 適量

作り方

1 柿は皮をむいてくし形切りにし、種を除く。
　ゆずは皮¼個分を干切りにする。

2 ボウルに1、ゆず果汁1個分、はちみつを入れ
　てあえる。

3 器に盛り、残りのゆずの皮適量を削ってかける。

fig

82

〈 いちじく 〉 ──────────────── バルサミコ酢

いちじくのキャラメリゼ バニラアイス添え

いちじくのわずかな酸味とバルサミコ酢が融合。
焦がしたキャラメルとバターの香りが食欲をそそります。
熱い×冷たいの組み合わせを楽しんで。

材料 （2人前）

いちじく … 1個
グラニュー糖、無塩バター、
　バニラアイス、バルサミコ酢*
　… 各適量

*できれば長期熟成のもの。
　なければ、半量くらいになるまで
　煮詰めて使うのがおすすめ。

作り方

1　いちじくは皮ごと縦半分に切り、断面にグ
　ラニュー糖をまぶす。

2　フライパンにバターを入れて中火にかけ、1
　の断面を下に並べる。手で軽く押さえながら
　時々動かし、断面がこんがりするまで焼く。

3　器に盛り、バニラアイスをのせてバルサミ
　コ酢をかける。

時々いちじくを動かしながら、溶けてきたグラニュー糖をまとわせ、キャラメリゼします。

〈 いちじく 〉────── メープルシロップ ◀ ライム

いちじくとブルーチーズのサラダ

ブルーチーズをおいしく食べるなら、このレシピ。
チーズの塩気、メープルの甘味、ライムの酸味を
いちじくのみずみずしさがまとめ上げ、
皿全体に絶妙なマリアージュを生み出します。

材料 （作りやすい分量）

いちじく … 2〜3個
ブルーチーズ … 10g
くるみ（ロースト）… 30g
メープルシロップ、ライムの皮 … 各適量

作り方

1 いちじくは皮ごとくし形切りにし、器に並べる。

2 1にブルーチーズを小さくちぎってのせ、くるみ
　を粗く砕いて散らす。

3 全体にメープルシロップをかけ、ライムの皮を
　削ってかける。

fig

隠れた主役はブルーチーズ。
深い甘味と柑橘の香りが
おいしさを引き立てる

ペアリングを
楽しむドリンク

1章で紹介したチーズケーキをより楽しむため、
相性のよいペアリングドリンクを紹介。
もちろん、ほかのスイーツと合わせるのもおすすめです。

ハーブのすがすがしい香りは、どのチーズケーキとも好相性

フレッシュハーブティー

材料（作りやすい分量）

フレッシュハーブ（ミント、ローズマリー、レモングラスなど）… 10〜15g
熱湯 … 200〜300mℓ
はちみつ（好みで）… 適量

作り方

1　ポットにフレッシュハーブを入れて熱湯を注ぎ、
　　3〜5分おく。

2　カップに注ぎ、好みではちみつを加えて混ぜる。

> おすすめのペアリング

クセのないハーブティーが
シンプルなおいしさを引き立てる

基本のチーズケーキ —————→ p.10

ヘーゼルナッツのチーズケーキ —→ p.22

煎茶の中に光る爽やかなハーブが
和のフレーバーとベストマッチ

ハーブ煎茶

材料 （作りやすい分量）

レモングラス、ローズマリー（フレッシュ）… 各2g
熱湯 … 200〜300ml
煎茶（茶葉）… 5g

作り方

1　ポットにレモングラスとローズマリーを入れ
　　て熱湯を注ぎ、2分おく。

2　1に煎茶を加えて2分おき、カップに注ぐ。

おすすめのペアリング

塩気のある桜と煎茶が抜群の相性
桜といちごのチーズケーキ ⟶ p.14

やさしい甘さのミルクとはちみつに
オリーブオイルの青々しさがマリアージュ

ハニーホットミルク

材料 （作りやすい分量）

牛乳（温める）… 200ml
はちみつ … 小さじ1〜2
オリーブオイル … 適量

作り方

カップにホットミルク、はちみつを入れ、
オリーブオイルをかけて混ぜる。

おすすめのペアリング

抹茶の苦味をミルクのやさしさで包み込む
抹茶のチーズケーキ ⟶ p.15

材料を全部一緒に煮込むだけ。ミルクで割れば、スパイシーなチャイに

チャイ

材料 （作りやすい分量）

クローブ、カルダモン（各ホール）… 各10g
黒胡椒（ホール）… 4g
シナモンスティック、バニラビーンズ … 各2本
きび砂糖、黒糖 … 各200g
水 … 500mℓ
牛乳（温める）… 適量

下準備

● カルダモンは粗く刻む。バニラビーンズ
は包丁で縦に切り目を入れて開き、種をこ
そげ取る（さやも一緒に使う）。

作り方

1 鍋に牛乳以外の材料を入れ、中火にかけ
る。沸騰したら弱火にし、20分煮る。

2 火を止めてひと晩冷まし、保存容器に移
す。

3 カップに**2**を適量入れ、約3倍量のホッ
トミルクで割る。スパイスは飲む時にこ
すか、そのまま粒感を楽しんでもよい。

おすすめのペアリング

スパイシーでミルキーな味わいが
こっくりした味とぴったり

かぼちゃのチーズケーキ ⟶ p.21

チャイと作り方はほぼ同じ。コーラナッツが入るとコーラの味に

クラフトコーラ

材料 （作りやすい分量）

コーラナッツ … 9g
シナモンスティック、バニラビーンズ … 各1本
クローブ、カルダモン（各ホール） … 各4g
山椒、コリアンダー（各ホール） … 各3g
フェンネル（シード） … 2g
黒胡椒（ホール）、ドライローズマリー … 各1g
ライム、オレンジ … 各1個
生姜 … 10g
きび砂糖、黒糖 … 各200g
水 … 500㎖
炭酸水、ライム果汁 … 各適量

下準備

● バニラビーンズは包丁で縦に切り目を入れて開き、種をこそげ取る（さやも一緒に使う）。カルダモンは粗く刻む。ライムは輪切り、オレンジはいちょう切りにし、生姜は皮ごと薄切りにする。

作り方

1 鍋に炭酸水、ライム果汁以外の材料を入れ、中火にかける。沸騰したら弱火にし、20分煮る。

2 火を止めてひと晩冷まし、保存容器に移す。

3 グラスに**2**を適量入れ、約3〜4倍量の炭酸水で割る。仕上げにライム果汁をたっぷりと搾る。スパイスは飲む時にこすか、そのまま粒感を楽しんでもよい。

コーラナッツ

コーラナッツ（写真右上）は植物の種子で、クラフトコーラに必須。ネットショップなどで購入できる。

おすすめのペアリング

酸味のあるマンゴーと
スパイスが合わさり、夏の味に
マンゴーのチーズケーキ ⟶ p.16

レモングラスの青い香りに、ふんわり甘いバニラをプラス

レモングラスとレモンとバニラ

材料 （作りやすい分量）

水 … 500㎖
はちみつ … 50g
レモングラス … ⅓パック
レモン（輪切り）… ½個
バニラビーンズ … 1本

下準備

● バニラビーンズは包丁で縦に切り目を入れて開き、種をこそげ取る（さやも一緒に使う）。

作り方

1 鍋に水とはちみつを入れ、沸騰させる。

2 火を止め、残りの材料を加えて常温になるまで冷ます。ピッチャーなどに移し、冷蔵庫で冷やす。

> おすすめのペアリング

似た素材の組み合わせは
相乗効果でおいしさアップ

**オリーブオイルと
レモンのチーズケーキ** ————→ p.18

シナモンが香る大人のジャスミン茶。
桂花茶を使ってもおいしい

ジャスミン茶とオレンジとシナモン

材料 （作りやすい分量）

水 … 500㎖
はちみつ … 50g
ジャスミン茶（茶葉・または桂花茶）… 5g
オレンジ（半月切り）… ½個
シナモンスティック … ½本
トンカ豆（あれば・すりおろす）… ½個

作り方

1　鍋に水とはちみつを入れ、沸騰させる。

2　火を止め、残りの材料を加えて常温になるま
　　で冷ます。再度沸騰させ、カップに注ぐ。

> おすすめのペアリング

ジャスミンの花と金木犀の花の
香りをペアリング

金木犀とあんずのチーズケーキ ⟶ p.20

p.70と同じ茶葉で、もうひとレシピ。
スパイシーな甘酸っぱさがクセに

ハイビスカスティーとスパイス

材料 （作りやすい分量）

水 … 500㎖
はちみつ … 50g
ハイビスカスティー（ティーバッグ）＊… 2〜3パック
黒胡椒、白胡椒、クローブ、カルダモン（各ホール）、
　　シナモンスティック … 各1g
バニラビーンズ … ½本
レモン（輪切り）… ½個
＊ローズヒップなどとのブレンドティーでもOK。

下準備

● バニラビーンズは包丁で縦に切り目を入れ
て開き、種をこそげ取る（さやも一緒に使う）。

作り方

1　鍋に水とはちみつを入れ、沸騰させる。

2　火を止め、残りの材料を加えて常温になるまで
　　冷ます。再度沸騰させ、カップに注ぐ。

> おすすめのペアリング

甘酸っぱいドリンクで
濃厚なチョコ味をさっぱりと

チョコレートのチーズケーキ ⟶ p.23

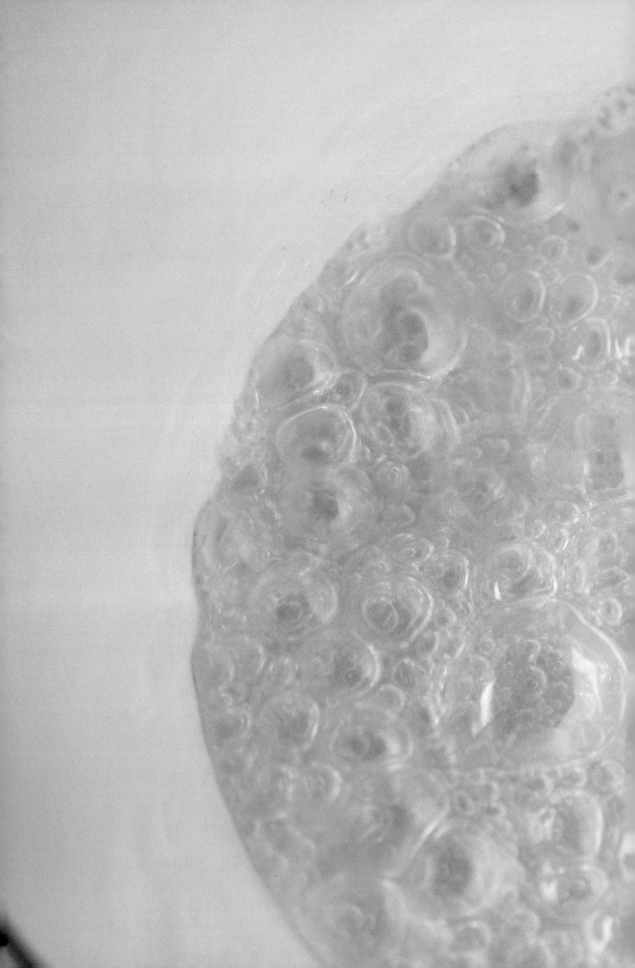

材料について

チーズケーキに使う材料のほか、本書での登場回数が多いものをまとめました。
スーパーで手に入りにくいものは、製菓材料店のネットショップなどを活用するのがおすすめです。

[**T** の商品は富澤商店（TOMIZ）で購入できます。 https://tomiz.com/]

乳製品

□ クリームチーズ

チーズケーキのベースとなるチーズ。プリンとティラミスにも使います。好みのメーカーのものでOKですが、本書では、少し塩気のある「キリ」のチーズを使っています。

□ サワークリーム・マスカルポーネ

爽やかな酸味のあるサワークリームと、なめらかでコクのあるマスカルポーネ。チーズケーキの味により、使い分けます。クリームチーズと合わせることで、味に奥行きが出ます。

□ 生クリーム

動物性のもので、乳脂肪分40％以上のものがおすすめ。本書の多くのレシピで使用しています。乳脂肪分が高いと濃厚な生地に、低いとさっぱりとした生地になります。

□ ギリシャヨーグルト

プレーンのチーズケーキに使います。普通のヨーグルトよりも粘度が高く、チーズケーキにコクと酸味を与えます。大きめのスーパーで購入できますが、水きりヨーグルトでもOKです。

□ 無塩バター **T**

焦がしバターにして風味を加えたり、チーズケーキのボトムやシュー生地、ウィークエンドシトロンなどに使います。有塩ではなく、食塩不使用のものを必ず選びましょう。

粉類

□ 小麦粉 **T**

チーズケーキのボトムと2章の焼き菓子で使います。基本的には薄力粉ですが、カスタードクリームのみ、グルテンが多く、粘り気が出やすい強力粉を使ってください。

□ アーモンドパウダー **T**

アーモンドを粉末にしたもので、アーモンドプードルとも呼びます。皮付きの商品もありますが、皮なしのものを使ってください。ナッツならではの油脂分と香りが、豊かな風味を加えます。

□ コーンスターチ **T**

とうもろこしのデンプンから作られた粉で、1章のほとんどのチーズケーキで使用しています。グルテンを含まないため、小麦粉を使うよりも軽やかな生地に仕上がります。

甘味 & 酸味

□ グラニュー糖・
きび砂糖・粉糖❶

基本的にグラニュー糖を使いますが、コクを出したいときは、きび砂糖にしています。グラスアローに使う粉糖は、コーンスターチなどが混ざっていないものにしてください。

□ ホワイトチョコレート

生地に加えることで、クリーミーでリッチな味わいになります。本書では「ヴァローナ」のものを使っていますが、製菓用であれば、好みのメーカーのものでOK。かたまりが大きいタイプは刻んで使いましょう。

□ はちみつ

フルーツの自然な甘味を引き立てます。風味がよく、柑橘やハーブとも相性がよいです。さらに風味やコクを出したい時は、メープルシロップを使うこともあります。

□ 練乳

プリンやガトーショコラなどで登場します。砂糖とはひと味違った、ミルキーな甘さとコクが出せます。

□ レモン果汁・ライム果汁

レモン1個から約大さじ2、ライム1個から約小さじ4の果汁が搾れます。皮も使う場合は、ノーワックスで無農薬のものがおすすめです。市販の搾り汁でも構いません。

香りの材料　本書のレシピでは、「香り」は味やコクと同様に大切な要素です。見慣れないものもあると思いますが、ぜひ使ってみてください。香りを掛け合わせることで、食べた時の印象がガラリと変わります。

□ トンカ豆

主に中南米に自生する植物で、トンカビーンズと呼ぶことも。杏仁のような甘い香りが漂い、立体感のあるおいしさを生み出します。香りのよさから、香水にも使われています。

□ バニラビーンズ❶

収穫後に発酵させることで、独特の香りが生まれます。価格が高騰していますが、機会があればぜひ使ってみてください。香料とは、ひと味違った風味が楽しめます。

□ フレッシュハーブ

フルーツやドリンクのレシピで登場します。レモングラス、タイム、ローズマリーなど、生のものを使ってください。一緒に煮出すと、爽やかな香りが加わります。

□ 茶葉

ドリンクとして飲むだけでなく、スイーツの風味づけにも使います。ほうじ茶や紅茶は乳製品との相性がよいので、生クリームと一緒に煮出すことも多いです。

田村浩二

1985年生まれ。東京都内のレストランに勤務したのち、渡仏。ミシュラン星付きのレストランで修業を積み、2016年に帰国。'17年に東京・白金台のフレンチ「TIRPSE（ティルプス）」（現在は閉店）のシェフに就任し、『ゴ・エ・ミヨ ジャポン』で2018年度期待の若手シェフ賞を受賞。個人のインスタグラムで販売したチーズケーキが話題となり、'18年に「Mr.CHEESECAKE」を創業。「世界一じゃなく、あなたの人生最高に。」をモットーに、日曜、月曜限定でチーズケーキのオンライン販売を始めたところ、即完売するほどの人気に。著書に『フレンチシェフが作る「人生最高！」の肉じゃが』（主婦の友社刊）、『人生最高のチーズケーキ』（ワニブックス刊）がある。

『Mr.CHEESECAKE 人生最高のスイーツ』
2021年12月10日　初版第1刷発行

著者	田村浩二	
発行者	久保田榮一	
発行所	株式会社 扶桑社	
	〒105-8070 東京都港区芝浦1-1-1 浜松町ビルディング	
	電話　03-6368-8889（編集）	
	03-6368-8891（郵便室）	
	www.fusosha.co.jp	
印刷・製本	凸版印刷株式会社	

撮影／市瀬真以
スタイリング／木村 遥
デザイン／高橋 良［chorus］
取材・文／長嶺李砂
調理協力／木村 遥、
　　福田みなみ、川端菜月
校正／小出美由規
DTP制作／ビュロー平林
編集／仁科 遥
材料協力／富澤商店（TOMIZ）